BALLET
DE
LA RAILLERIE.

Danſé par ſa Majeſté le 19.
Feburier 1659.

A PARIS.

Par ROBERT BALLARD, ſeul Imprimeur du Roy,
pour la Muſique.

M. DC. LIX.

AVEC PRIVILEGE DV ROY.

BALLET
DE
LA RAILLERIE.

OMME le seul tître de ce Ballet suffit pour luy seruir d'Argument, la premiere ouuerture du Theatre expose aux yeux des spectateurs vn Portique dans lequel pareſt la Poëſie Françoiſe, qui pour s'adonner à la Raillerie s'eſtant occupée depuis quelque temps à faire des pourtraits, en a fait venir la Mode, juſqu'au point que la pluſpart des gens ſe raillent d'eux-meſme : Et dans cette penſée elle vient faire le pourtraict du Ballet.

La Poëſie Françoiſe.

RECIT.

La Poëſie, repreſentée par Mademoiſelle Hilaire.

IE deſcends du ſacré valon
Où je regne auec Apollon,
Pour le Pinçeau j'abandonne la Plume,
Ie ne fay plus que des Pourtraits ;
Et j'en ay tellement établi la coûtume,
Que tout le monde veut peindre ſes propres traits.

J'ay quitté l'employ glorieux
De peindre les Rois, & les Dieux,
En vain l'Amour preſſe mon induſtrie
Pour ſes traits & pour ſon flambeau ;
Ce que j'ay de couleurs ſont pour la RAILLERIE,
Dont j'entreprends icy de faire le tableau.

LE Recit acheué la Perspectiue commence à ſe deſcouurir tout à fait, & laiſſe voir vne grande court d'vn beau Palais, auec vne Fontaine au milieu, aupres de laquelle ſont aſſiſes en conuerſation la Raillerie, la Sageſſe, & la Folie qui chantent les vers Italiens qui ſuiuent, dont la verſion a eſté faite par vn autre que par celuy qui a fait les vers du Ballet.

La Raillerie, representée par Mademoiselle de la Barre.
La Sagesse, par Mademoiselle Hilaire.
La Folie, par La Signora Anna Bergerotti.

La Beffa, la Sauiezza, la Pazzia.

TVTTE TRE'.

L'Vn dell'altro ogn'vn si burla
Si tal'hor sono i viuenti
Nella sorte contraria al par contenti,
Quel che canta, è quel che vrla
L'vn del'altro ogn'vn si burla.

LA BEFFA.

Così à me sola è dato,
A me, che son di Corte Hospite eterna,
E' à gli infimi, e supremi
Dispensatrice egual d'armi da scherzo,
Dato è (dico) à me sola
Farui concordi ò Qualitadi opposte
Sempre à beffarui à gara ambo disposte

LA SAVIEZZA, E LA PAZZIA.

E di non ridere
Com' è possibile?
Di per tua fè
Lasciarmi vccidere
Meno insoffribile
Sarebbe a mè
E di non ridere. &c.

LA PAZZIA.

Che colei solo col pondo
De leggieri
Suoi pensieri
Voglia ogn'hor pesare il Mondo

LA SAVIEZZA.

Che torcendo essa il timone
Di sua Prora
Fede ogn'hora
Nieghi al polo di Ragione

La Raillerie, la Sagesse, & la Folie.

TOVTES ENSEMBLE.

Par tout l'vn se moque de l'autre;
Le simple artisan rit autant
Que le Riche & que l'important :
Mortels, quel esprit est le vostre?
Chacun de son sort est content,
Soit en heurlant soit en chantant
Par tout l'vn se moque de l'autre.

LA RAILLERIE. à la Sagesse, & à la Folie.

C'est en moy que toutes les Cours
Ont de tout temps trouué des charmes;
C'est moy que l'on void tous les jours
Aux petits comme aux grands fournir d'égales armes :
Armes pourtant de qui les coups
Ne sont qu'agreables & doux
Et ne coustent ny sang ny larmes;
Enfin, c'est moy qui dans mes plaisans jeux
(Quoy que par tout vous soyez opposées)
Semble vous auoir disposées
A vous reünir toutes deux.

LA SAGESSE, ET LA FOLIE.

Qui de nous en bonne foy
Pourroit s'empescher de rire?
Ie confesse que pour moy
Ce seroit vn grand martyre
Que de ne rire pas voyant ce que je voy.

LA FOLIE. à la Sagesse.

Quoy? par ces caprices diuers
Celle-cy de tout l'Vniuers
Voudra regler le sort & la conduite?

LA SAGESSE. à la Folie.

Quoy? par tout mal-reglée & de tout mal-instruite
On verra celle-là mettre tout à l'enuers
Et deuant la raison prendre toujours la fuite?

TVTTE DVE.

E di non ridere . &c.

TVTTE TRE.

Ma voi Dee di beltà,
Che de piu veri amanti
Con superba impietà
Prendet' à giuoco il duolo , à riso i pianti.
Sapete che fia ?
Amor , che nulla oblia
Di tal Sorte anche vn di voi punirà
Si vuol giusto Fato
CHI BEFFA , È BEFFATO.

La Sagesse, et la Folie.

Qui de nous, en bonne foy,
Pourroit s'empescher de rire?
Ie confesse que pour moy
Ce seroit vn grand martyre
Que de ne rire pas voyant ce que je voy.

La Sagesse, la Folie, la Raillerie.

Aux Dames.

Vous, aussi fieres que belles,
Qui voyez d'vn œil mocqueur
Les peines les plus cruelles
Que cause voftre rigueur;
Amour a bonne memoire,
Et lors que l'on l'a choqué
Il sçait bien vanger sa gloire;
Le sort le veut ainsi, qui se mocque est mocqué.

Icy commence le Ballet.

LE Ris accompagné d'vne Symphonie de toute forte de Fleurs, appellées communément par les Poë-
tes, le Ris des Prairies, fe vient réjoüir de ce que
la Raillerie fa Compagne, a reduit tout le mon-
de a faire profeſſion de la fuiure, comme il paroiſt dans les rail-
leries reciproques qui fondent toutes les Entrées du Ballet.

Pour SA MAIESTE ́, *repreſentant le Ris.*

LA grauité d'Eſpagne eſt bien déconcertée
Par ce Ris éclatant qui vient de l'allarmer,
　　O que c'eſt vn Ris amer
　　A la Flandre épouuantée!

La grace à le former s'eſt ſi bien employée,
Qu'il n'eſt point de Beauté ſi modeſte. aujourd'huy
　　Qui ne voulut auec luy
　　Rire à gorge déployée.

Sa moderation laiſſe bien des malades
Qui languiſſent autour de cet aymable Ris,
　　Et luy font tant de foûris,
　　Tant de mines, tant d'œillades.

Il eſt charmant & doux, & ſa maniere touche
Infinité de cœurs qui n'en témoignent rien :
　　Que ce Ris là feroit bien
　　Le fait d'vne belle Bouche.

Amour, qui tant qu'il peut pouſſe les traits qu'il forge,
N'attend plus rien ſinon que le temps foit venu
　　Où ce Ris moins retenu
　　Paſſe le nœu de la gorge.

Fleurs.

Fleurs. Meffieurs de Molier, Tiffu, Itier, Couperin, Pinel, Richard,
le Camus, Hauteman, Martin, Couperin le jeune, Pinel le jeune,
le Moine, Garnier, d'Aliffan, Buret, & Mezeret.

II. ENTRE'E.
Quatre Vieillards, & quatre Enfants.

Vieillards, Meffieurs de S. Maury, & Cabou,
les Sieurs Lambert, & Doliuet.
Enfants, Le Cheuallier, du Mont, Des-Airs le fils, & Leftang.

LEs vns font fi caſſez, qu'à peine ils ſe ſoûtiennent,
Les autres au maillot naguére eſtoient captifs,
Et l'on ne ſçait quaſi qui font les plus chétifs
Ou de ceux qui s'en vont, ou de ceux qui s'en viennent.

III. ENTRE'E.
Des ſçauans & des Ignorans repreſentez par trois Docteurs, & trois Païſans.

Docteurs, Les Sieurs du Pront, la Font, & Raynal.
Païſans, Les Sieurs Don, Beauchamp, & Des-Airs.

CE ne font pas les plus Sots
Que ces pauures Idiots
Qui n'ont veu que leur Cabane,
Gens ſimples, & non menteurs,
N'entendant point la Chicane:
Cherchez parmy ces Docteurs
Vous trouuerez là voſtre Aſne.

IV. ENTRE'E.
D'vn Poltron & deux Braues.

Poltron, Monſieur Baptiſte Lully.
Braues, Meffieurs Bontemps, & Coquet.

LA Valeur, & la Laſcheté
Ont chacune à part leur beauté,
L'vne brillante, l'autre ſombre:
Leurs traits font par tout adorez,
L'vne a beaucoup d'Amans, & qui font déclarez,
L'autre en a de ſecrets, mais en bien plus grand nombre.

V. ENTRÉE.

Du Bonheur, de l'Esprit, & de l'Argent.

LE ROY, *representant le Bonheur.*

L'Esprit. Monsieur Langlois. *L'Argent.* le Sieur
le Vacher.

Pour sa Majesté, *representant le Bonheur.*

L'Vn souftient que c'est le Bonheur,
  L'autre dit que c'est le Merite;
Et chacun des deux se dépite
A cause qu'il ne peut regler ce point d'honneur,
  Tant la difference est petite.

  Il n'est point de Bonheur, ou le voila, dit l'vn,
    Et le bon sens repugne au vostre:
    Suffit icy du Sens commun,
Il n'est point de Merite, ou le voila, dit l'autre,
    Prouuez-moy comme le hazard
    En son fait a beaucoup de part,
Pour vostre opinion j'auray sur ce regard
    Vne déferance subite,
    Par exemple, s'il est né
      Couronné,
      Ie le quitte.

    Vous vous rendez, dit le premier,
  Et vostre cause n'est pas bonne,
  Ie m'en vay vous justifier
  Comme il a receu la Couronne
  Presqu'au temps qu'il receut le jour.

    La-dessus interuient l'Amour
      Sans dire garre;
  Et pour finir la bagarre,
  Il a ces mots prononcez.

C'est le Bonheur tout pur, & j'en enrage affez,
Vne pureté fi grande
N'eft pas ce que je demande :
Sans ceffe du Merite il eft accompagné,
Et vous auez tous deux gagné.

VI. Entre'e.

Des Sobres, & des Yurongnes.

Sobres. Le Marquis de Genlis, Monfieur Ioyeux,
& le Sieur Tourry.

Yurongnes. Monfieur Cabou, & les Sieurs Beauchamp,
Doliuet, le Conte, Raynal,
& Des-Broffes.

CEs gens-là font mal-affortis,
Il eft beau pour vn des partis
D'auoir la Raifon en partage :
Cependant l'abondance a de puiffans apas,
Et ceux qui font remplis ont vn grand aduantage
Sur ceux qui ne le font pas.

Pour le Marquis de Genlis, *reprefentant*
vn Sobre.

SI tout le monde à la mefure
De fon defir auoit de la beauté,
Ne deuroit-on pas, ô Nature!
Admirer ma fobrieté ?

B ij

INTERMEDIO

De la Muſica Franceſe, è la Muſica Italiana.

La Signora Anna Bergerotti, rapreſentate
la Muſica Jtaliana.

La Muſica Italiana.

Gentil Muſica Franceſe
Il mio Canto in che t'offeſe?
    La Muſica Franceſe.
Bell' italica ſirena.
Strana è ben tal' hor tua vena.
    La Muſ. Ital.
Tù formar altro non ſai
Che languenti, e meſti lai.
    La Muſ. Franc.
Più diletto il mio ſtil porge
Che le tue noioſe gorge.
    La Muſ. Ital.
Qual raggion vuol che tù deggi?
Del tuo guſto altrui far leggi.
    La Muſ. Franc.
Deh cediam l'vn l'altra il vanto,
Io in comporte, e tù nel canto
    La Muſ. Ital.
Io di te canto più forte
Perche amo più di tè
Chi riſente vn mal di morte
Più che può grida mercè.
    La Muſ. Franc.
I miei tuoni humili, e lenti
Spiegan meglio il mio languire,
Chi vicino è di morire
Non può dar forza agl' accenti.
    Tutte due.
Dunque sù cantiamo inſieme
Che trà gioia, e trà dolore
Ben' s'accordano in Amore
Cor che canta, e Cor che geme
Dunque sù cantiamo inſieme.

INTERMEDE.

De la Musique Françoise, & de la Musique Italienne.

Mademoiselle de la Barre, *representant la Musique Françoise.*

L'Italienne.

O Musique Françoise! apprends moy je te prie
Ce qui te semble en moy digne de raillerie?

La Françoise.

Le trop de liberté que tu prends dans tes chants
Les rend par fois extrauagans.

L'Italienne.

Toy par tes nottes languissantes.
Tu pleures plus que tu ne chantes.

La Françoise.

Et toy, penses-tu faire mieux
Auec tes fredons ennuyeux?

L'Italienne.

Mais ton orgueil aussi ne doit pas se promettre
Qu'a ton seul jugement je me veuille soûmettre.

La Françoise.

Ie composeray comme toy,
Si tu veux chanter comme moy.

L'Italienne.

Si mon amour a plus de violence,
Ie dois chanter d'vn ton plus fort,
Quand on se void prest de la mort
Le plus haut que l'on peut on demande assistance.

La Françoise.

Mon chant fait voir par sa langueur
Que ma peine est viue & pressante;
Quand le mal attaque le cœur
On n'a pas la voix éclatante.

Toutes deux.

Cessons donc de nous contredire
Puisque dans l'amoureux empire,
Où se confond incessamment
Le plaisir auec le tourment,
Le cœur qui chante & celuy qui soupire
Peuuent s'accorder aysément.

VII. ENTRE'E.

Des Filles de Cour , & des Filles de Village.

Filles de Cour. Le Marquis de Villeroy,
Les Sieurs de Lorge, & Bonart.

Filles de Villages. Monsieur Ioyeux, les Sieurs
Lerambert, & Vagnar.

Le Marquis de Villeroy, *representant vne Fille de Cour.*

L'*On n'a pû iusqu'icy me soupçonner d'amour;*
Et nulle tache encor n'empesche que i'esclate ;
Mais sçachant que l'honneur des Dames de la Cour
Est vne chose delicate ,
Rien n'est si difficile au point où ie me voy
Que mon scrupule n'entreprenne ,
Pour oster tout suiet de médire de moy,
Iusqu'à me retrancher l'Escuyer qui me meine.

VIII. ENTRE'E.

De Gens qui se contrefont les vns les autres, & de trois
Echos de differente Harmonie.

Contrefaiseurs. Messieurs Bontemps, S. Maury, Baptiste, Bruneau,
Geoffroy, les Sieurs Des-Airs le Cadet, du Moustier,
le Conte , & Lambert.

Echos.

Violons. Les Sieurs la Quaisse, & le Marchand.
Flustes. Les Sieurs Pieche, & Descousteaux.

Voix. Messieurs Hebert, & le Gros, qui chantent les paroles suiuantes.

V*Os beaux yeux embrasent mon cœur ,*
Mais l'excez de vostre rigueur
Alentit peu à peu
L'ardeur de mon feu :
O Dieux ! si vous estiez vn peu traittable
Vous verriez, Objet adorable,
Qu'Amour n'eust jamais vn amant
Plus ferme & plus constant.

SARABANDE.

ENfin je vous reuoy, charmante Cour,
Lieux tant aimez où naquit l'Amour
Que j'ay pour Climeine :
Mais je voy depuis mon retour
Que cette inhumaine,
Comme le premier jour,
Est insensible à ma peine.

Pour le Sieur Baptiste, *representant vn Contrefaiseur.*

CHacun de nous a du merite en soy,
Et ce sont des Talens differens que les nostres,
Les autres quand ie veux sont contrefaits par moy :
Mais ie ne me voy point contrefait par les autres.

IX. ENTRE'E.

De la Force suiuie par des Soldats, & de la Raison
suiuie par des Notaires.

La Force. Monsieur Cocquet.
Quatre Soldats. Messieurs Tartas, & Barbot,
Les Sieurs la Fonds, & le Noble.

La Raison. Le Sieur Beauchamp.
Quatre Notaires. Monsieur Cabou, les Sieurs Don,
Raynal, & Des brosses.

Pour les *Soldats*, & les *Notaires.*

CEs differens emplois ont pareils caracteres,
Soit en nous faisant peur, soit en nous obligeant
Les Soldats, & les Notaires
Nous font trouuer de l'argent.

X. Entre'e.

Des Amants, & des Maiſtreſſes.

Amants. Les Marquis de Mirepoix, & de Raſſan, Meſſ. Moliere,
& Des-Airs l'aiſné.

Maiſtreſſes. Madame Guichart, Madame de Buridan,
Mademoiſelle Molier la fille, & Madem. de la Faueur.

Pour les *Amans*, & les *Maiſtreſſes.*

TEl ſoupire pour vne telle,
Et tant qu'il ſoupire pour elle
Sans ceſſe l'ingrate le fuit,
L'a-t'il quitée, elle le ſuit:
Telle va plus auant qu'elle n'euſt oſé croire,
Tel ſe penſant captif trouue la clef des champs:
Enfin voicy la grande Foire
Où ſe trompent tous les Marchands.

Pour le Marquis de Mirepois , *repreſentant*
vn Amant.

IE ſçay bien preſentement
Ce que c'eſt que d'eſtre Amant,
Ie n'y pouuois rien comprendre;
Mais i'y ſuis fort conſommé,
Il ne me faut plus qu'aprendre
Ce que c'eſt que d'eſtre Aymé.

Pour le Marquis de Raſſan, *repreſentant*
vn Amant.

VNe charge d'Amant eſt fort conſiderable,
Et ie le comprens mieux que iamais ie ne fis;
Mais qui l'exerce eſt miſerable
S'il n'en ſçait tirer les profis.

XI. En-

XI. ENTRE'E.

Des Adroits & Mal-Adroits.

Adroits. Monſieur Coquet, & le Sieur Beauchamp.

Mal-Adroits. Les Sieurs Cordeſſe,
& Doliuet.

CE pauure Mal-adroit qui ne plaiſt à perſonne,
Pourroit bien rencontrer ſon heure en quelques lieux ;
Comme ſouuent l'Amour a d'aſſez mauuais yeux,
Peut-eſtre n'a-t'il pas toûiours l'oreille bonne.

XII. ET DERNIERE ENTRE'E.

Des diuerſes Nations.

Deux Gentilhommes François, deux Italiens, deux Turcs,
deux Indiens, & vne Eſpagnolle.

LE ROY. repreſentant vn Gentilhomme François.
& Monſieur Langlois.

Deux Italiens. Meſſieurs Baptiſte,
& Des-Airs l'aiſné.

Deux Turcs. Meſſieurs Verpré, & Bruneau.

Deux Indiens. Meſſieurs Bontemps,
& le Vacher.

L'Eſpagnolle. Mademoiſelle Verpré, danſant auec
Caſtagnettes, accompagnée de huict Guittarres.

LE ROY, repreſentant vn Gentilhomme
François.

IE croy, ſans vanité, qu'en quelque part que i'aille
Ie pourrois m'égaler aux gens les mieux appris ,
Ie n'ay pas l'air mauuais, & voy que dans ma taille
Ie ne ſuis pas des plus mal pris.

C

Auecque du credit i'ay des biens en Prouince,
Mes affaires d'ailleurs font en affez bon point ;
Qu'on parle deuant moy d'vne nobleffe mince,
Cela ne me regarde point.

Quand vn voifin m'offence, ou m'a fait quelque iniure,
Ie me bas contre luy s'il eft de mon eftoc :
Puis ie cherche la Paix, & voudrois ie vous iure
Que les armes fuffent au croc.

Tous ces Tiltres enflez ne font pas ce que i'ayme,
La vanité me choque, & c'eft fi peu mon grief,
Qu'on me nomme fouuent par mon nom de Baptefme.
Encor que i'aye plus d'vn Fief.

Je me veux marier, moy-mefme & mon Village
Tous deux auons befoin que ce foit au pluftoft,
Et pour entretenir vn honnefte ménage
Perfonne n'a mieux ce qu'il faut.

Habits, meubles, cheuaux, vn équipage lefte,
Ne fe trouueront point ailleurs comme chez moy :
Ieune, Galand, adroit, vigoureux, quant au refte
Gentilhomme comme le Roy.

Le Ballet finit par vn Dialogue qui se fait entre le Ballet, la Critique, la Mode, la Contrarieté, & le Desgousté, accompagnez d'vne trouppe de Musiciens.

La Critique. Mademoiselle de la Barre.

La Mode. La Signora Anna Bergerotti.

La Contrarieté. Mademoiselle Hilaire.

Le Ballet. M. le Gros.

Le Desgousté. M. Meusnier S. E.

Les Musiciens.

Messieurs de la Barre, & Vincent,
Les Sieurs Pieche, Brunet, Descousteaux,
Destouche, Hobterre, Halais, Nicolai, le Conte,
le Bret, les deux le Roux, Magni, la Quaisse,
Marchand, Roulet, le Grec, la Vigne,
Besson, & Orange.

C ij

Il Balletto, la Critica, la Moda,
la Contrarietà, lo Suogliato.

Il Balletto.

CHe dite di me?
Io sono il Balletto
Che qualche diletto
Pur hora vi diè.
Che dite di me?
Scusate il difetto
Ch'ongn'vno l'ha in sè,
Et anche in effetto
La Fretta mi fè
Che dite di me?

La Critica.

D'antiche inuentioni
Vn misto sei tù.

La Moda.

L'idée che tu esponi
Non vsan qui sù.

La Contrarietà.

Mai peggio cò ì suoni
Dansato non fu.

Lo Suogliato.

Da Mastri si buoni
Sperauo di più.

Il Balletto.

Ah ah così fate?
Così mi beffate?
Ogn'un sà far ceffo
Et à buon cambio anch'ìo di voi mi beffo.

Tutti.

Amor tu sol non erri
Se beffarti presumi
De Mortali è de Numi,
Ch'ad vn sol colpo ogn'alterezza atterri;
E s'alcun di te ride
Tu con armi homicide
Vsi punirne à doppìo il folle ardire
Sol si beffi di te chi sà fuggire.

F I N E.

Le Ballet, la Critique, la Mode,
La Contrarieté, le Dégouſté.

Le Ballet.

QVe dites-vous trouppe critique
De moy petit Ballet comique
Qui vous ay cru donner vn inſtant de plaiſir ?
Regardez mes defauts auec quelque indulgence,
Chacun ſans doute en a beaucoup plus qu'il ne penſe,
Et pour moy qui fus fait auec peu de loiſir,
Se peut-il que je m'en diſpenſe ?

La Critique.

De vieilles inuentions
Tu n'es qu'vn vil aſſemblage.

La Mode.

Tes falottes Viſions
Ne ſont plus à noſtre vſage.

La Contrarieté.

Jamais d'aucun Ballet ny les Airs ny la Danſe
N'ont ſi mal contenté l'oreille ny les yeux.

Le Deſgouſté.

Pour moy j'eſperois beaucoup mieux
De gens de cette conſequence.

Le Ballet.

Quoy donc vous vous mocquez ainſi
De moy qui ne veux que vous plaire ?
Bien loin de m'en mettre en colere
Ie me mocque de vous auſſi.

Tous enſemble.

Amour, vous ſeul impunément
Eſtes en pouuoir de vous rire,
Des Dieux & des Mortels qui ſont également
Soumis aux loix de voſtre empire :
Mais ſi quelqu'vn des mortels ou des Dieux
Veut rire de voſtre puiſſance,
Vous puniſſez ſon ris audacieux
Par vn ſupplice egal à ſon offence ;
Et celuy ſeul peut ſe mocquer de vous
Qui vous fuyant, ſe dérobe à vos coups.

F I N.